Le
Juin
1897

RÉPUBLIQUE FRANÇAISE
LIBERTÉ — ÉGALITÉ — FRATERNITÉ

VILLE DE PARIS

LES FÊTES de la

Municipalité de Paris

Les Sauveteurs

des

Victimes du Bazar de la Charité

à l'Hôtel de Ville

IMPRIMÉ A L'ÉCOLE MUNICIPALE ESTIENNE
Décembre 1897

(3)

RÉCEPTION DES SAUVETEURS

DES

VICTIMES DU BAZAR DE LA CHARITÉ

CONSEIL MUNICIPAL
DE PARIS

RÉCEPTION DES SAUVETEURS

DES

VICTIMES DU BAZAR DE LA CHARITÉ

3 Juin 1897

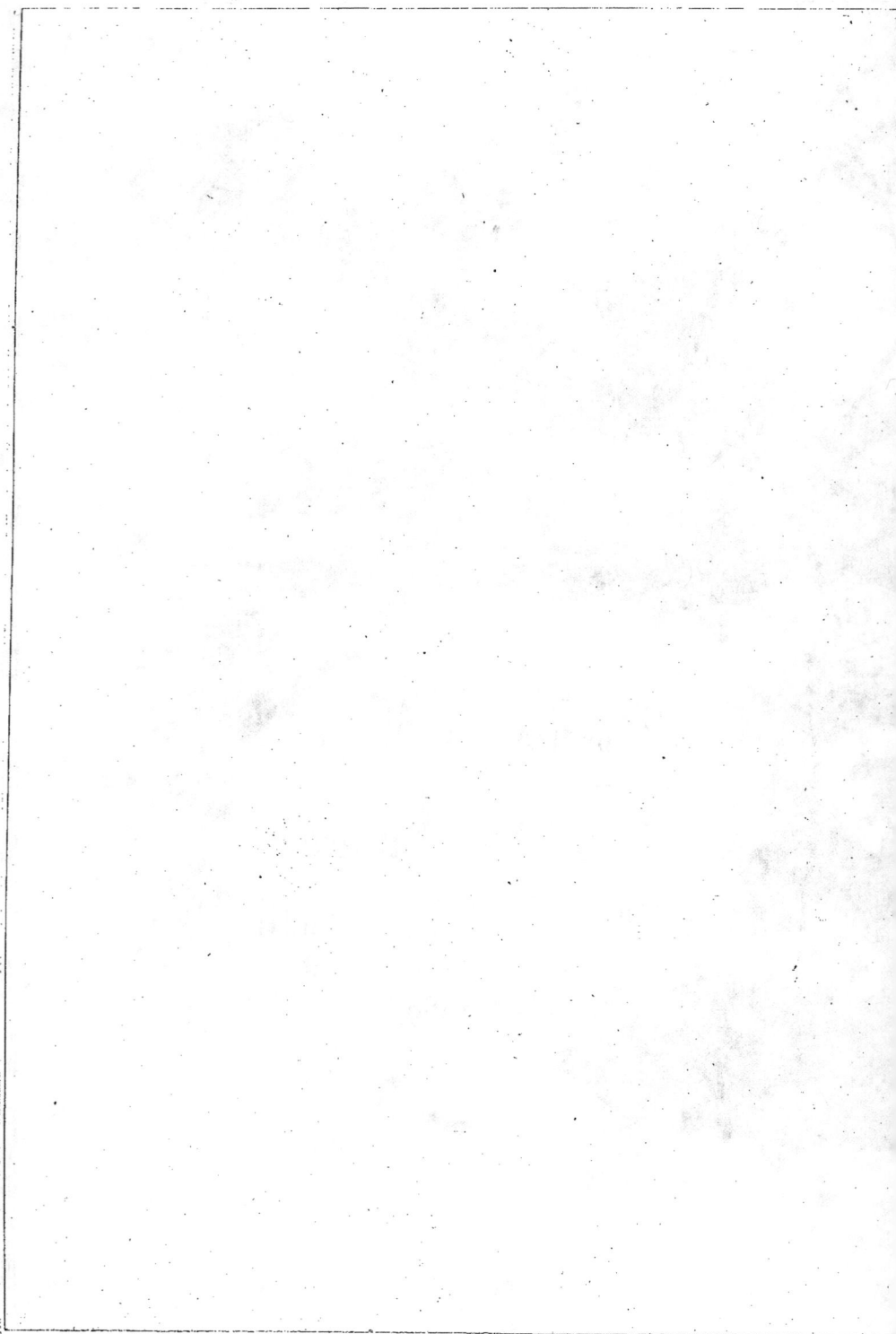

RÉCEPTION A L'HOTEL DE VILLE

LE 3 JUIN 1897

PAR LA

MUNICIPALITÉ DE PARIS

DES SAUVETEURS

DES

Victimes du Bazar de la Charité

PARIS

IMPRIMERIE DE L'ÉCOLE ESTIENNE

18, BOULEVARD D'ITALIE, 18

—

1897

BUREAU

DU

CONSEIL MUNICIPAL DE PARIS

(Élu à l'ouverture de la première session ordinaire de 1897, le 8 mars.)

PRÉSIDENT :

M. F. SAUTON.

VICE-PRÉSIDENTS :

MM. PUECH.
BREUILLÉ.

SECRÉTAIRES :

MM. ARCHAIN.
ROUSSELLE.
John LABUSQUIÈRE.
Alfred MOREAU.

SYNDIC :

M. Léopold BELLAN.

1 bis

BUREAU

DU

CONSEIL GÉNÉRAL DE LA SEINE

(Élu à l'ouverture de la première session de 1897, le 2 avril.)

PRÉSIDENT :

M. DUBOIS.

VICE-PRÉSIDENTS :

MM. Adolphe CHÉRIOUX.
BARRIER.

SECRÉTAIRES :

MM. Adrien VEBER.
FÉRON.
REBEILLARD.
CORNET.

SYNDIC :

M. Léopold BELLAN.

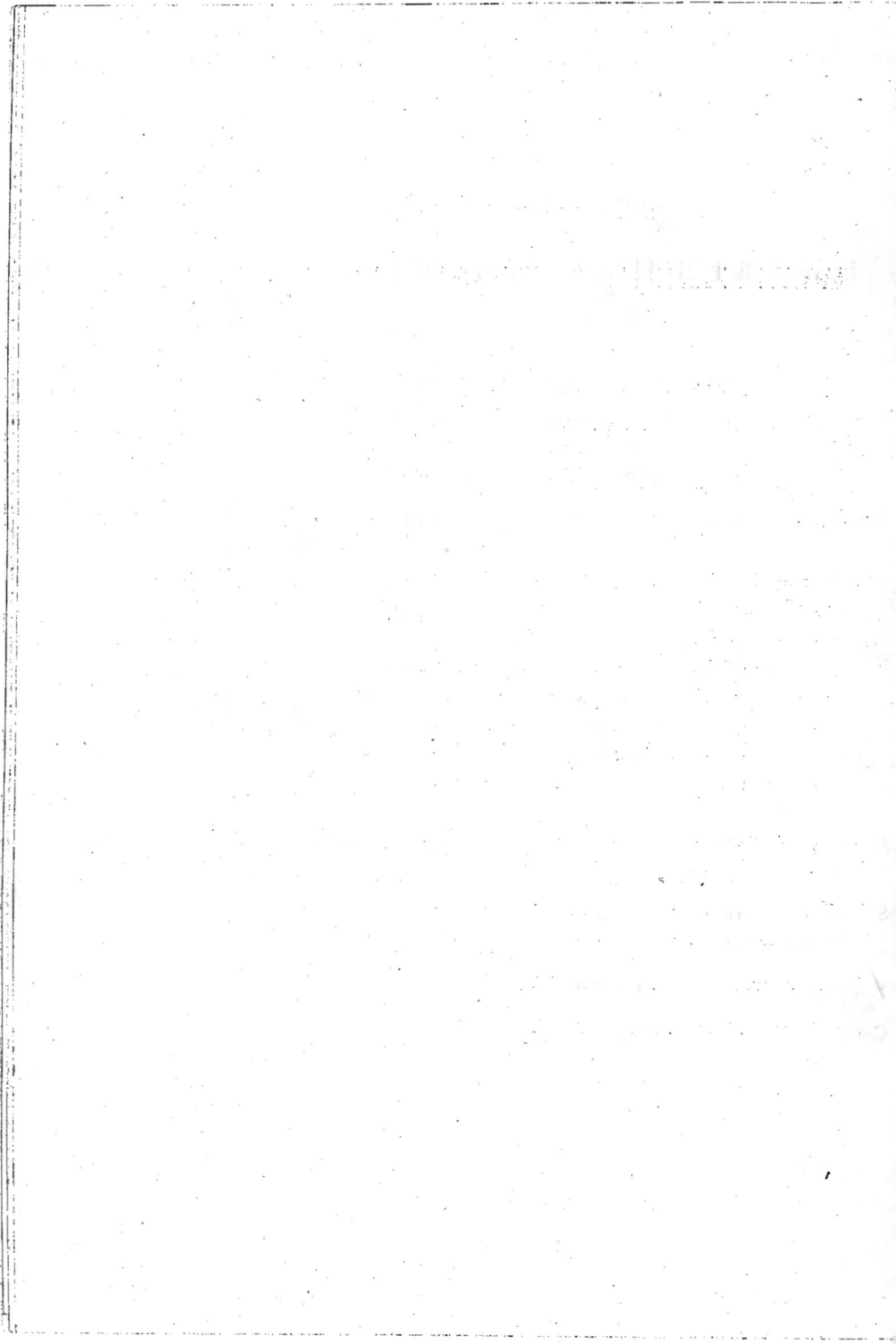

RÉCEPTION DES SAUVETEURS

DES

VICTIMES DU BAZAR DE LA CHARITÉ

L A réception, par la Municipalité de Paris, des sauveteurs des victimes de l'incendie du Bazar de la Charité a eu lieu à l'Hôtel de Ville, dans les salons des Arts, des Lettres et des Sciences, le jeudi 3 juin 1897.

La séance a été ouverte, à trois heures, par M. F. Sauton, président du Conseil municipal de Paris.

Aux côtés de M. le président du Conseil municipal prennent place sur le premier rang de l'estrade :

A droite, M. DE Selves, préfet de la Seine ; M. Dubois, président du Conseil général de la Seine ; M. Laurent, secrétaire général de la Préfecture de Police ; M. Breuillé, vice-président du Conseil municipal ;

A gauche, M. Lépine, préfet de Police ; M. Puech, vice-président du Conseil municipal ; M. Bruman, secrétaire général de la Préfecture de la Seine ; M. Bellan, syndic du Conseil municipal et du Conseil général.

MM. les membres du Conseil municipal de Paris et du Conseil général de la Seine, ainsi que plusieurs députés et sénateurs du Département et quelques Maires des arrondissements de Paris, occupent les fauteuils qui leur ont été réservés sur les autres rangs de l'estrade.

MM. les directeurs et chefs de service de la Préfecture de la Seine, de la Préfecture de Police et des services annexes prennent place à leurs côtés.

Les travées de droite et de gauche sont occupées par MM. les représentants de la presse parisienne et étrangère, et dans le salon du milieu, en face de l'estrade, sont groupés Mesdames et Messieurs les sauveteurs dont les noms suivent :

MESDAMES :

Roch.	Lettin.
Veuve Mattern.	Berlivet.
Jeunehomme.	Moreau.
Surreault.	Barette.
Porgès.	Francin.
Bouton.	Ferragne.
Anne Genest.	Dudoit.
Veuve Dheurs.	Jolliet.
Payen.	Péan.
Maria Thurin.	Marguerite Bernard.
Delbès.	De Beaufort.
Alibert.	Veuve Gilbert.
Gaugnard.	Lebon.
Wion.	De Sommyèvre.

MESSIEURS :

Gaumery.
Vauthier.
Diligeard.
Berteux.
Glad.
Bauduin.
Dhuy.
Georges.
Piquet.
Trosch.
Serre.
Michaud.
Filachet.
Togni.
Wagner.
Heidt.
Laborie.
Melles.
Rogis.
Pélissier.
Chevalier.
Despréaux de Saint-
  Sauveur.
Dayot.
Picot-Guéraud.
Humblot.
Troillet.
Riboulleau.
Ponsard.
Pierron.
Currit.
Gastinne.
Vouillon.

Blandin.
Dereins.
Sturbois.
Grunwald.
Gaugnard.
Perier.
Thouay.
Dantier.
Cauzard.
Ducrabon.
Warnault.
Garnier.
Roussel.
Martin.
Verge.
Verrier.
Serre.
Comte.
De Mély.
Tollin.
Rivarol.
Vast.
Monéger.
Saintier.
Wendeling.
Cueille.
Leyzieu.
Orset.
Berguer.
Boulle.
Jeannot.
Cluny.
Marais.

André.
Sabatier.
Huet.
Sanson.
Rossan.
Weisser.
Kuhn.
Mézière.
Collet.
Jozroland.
Blot.
Aerts.
Choquier.
Weidert.
Boulangé.
Cauvet.
Manory.
Pothier.
Cayla.
Rateau.
Clément.
Weber.
Gourdel.
Bloch.
Bastien.
Morel.
Santoire.
Jardin.
Bonnie.
Briatte.
Belin.
Defontaine.
Lagrée.
Giacometti.
Bricourt.

Guyard.
Jacquot.
Bailly de Sincy.
Gilotteau.
Cochet.
Poelaert.
Lefèvre.
Gauthier.
Guillard.
Fortier.
Raymond.
Colas.
Muret.
Pascarel.
François.
Thiry.
Lecomte.
Tillieu.
Bastien.
Jolly.
Fourez.
Régnier.
Garnier.
Plé.
Champagnac.
Vincent.
Courdurié.
Lingot.
Lager.
Champarnaud.
Varoqui.
Corbet.
Léperon.
Drussaut.
Boullé.

Benoist.

Brichet.

Balleriaud.

Mayer.

Vandenkoornhuys.

Barrière.

Berlandrina.

Prenel.

Chapuis.

Benoist.

Renault.

Montauzier.

Deloire.

Roget.

Emont.

Girardon.

Amesland.

Gontier.

Guerrier.

Briau.

Giguet.

Métral.

Lallement.

Luxembourg.

Giovine.

Wenger.

Séguet.

Leroux.

Mavré.

Brémier.

Felten.

Decourty.

Galois.

Coston.

Halot.

Picard.

Teillet.

Ollier.

Foinant.

De Clynsen.

Lemp.

Vergne.

De Meulder.

Gara.

Foury.

Tondu.

Pigeonnat.

Jacquin.

Thierry.

Jourdain.

Pottevin.

Massé.

Marette.

Marionnel.

Goupil.

Giordani.

Bouchasson.

Panchet.

Bosset.

Heleine.

Lorant.

Boisy.

Quéro.

Lachner.

Mathis.

Cordier.

Vérand.

Mandereau.

Bouvet.

Macquet.

2

Lemaire.
Désiré.
Macq.
Gaillot.
Cante.
Foucher.
Roussel.
Mortagne.
Véron.
Rudaux.
Decloux.
Desjardins.
Goujon.
Bize.
Termet.
Turner.
Gosselin.
Bouzanquet.
Jurami.
Mallet.
Lepagney.
Guérin.
Henno.
Aubry.
Matras.
Prélat.
Noriot.
Murat.
Descaves.
Michaut.
Jean.
Thirion.
Paris.
Bayle.
Olive.

Poirot.
Le Montagner.
Martin.
Biard.
Viel.
Huet.
Philippini.
Bastian.
Bellet.
Durand.
Lapoire.
Liorzou.
Pauly.
Grandmottet.
Servant.
Couvet.
Martin (Jean).
Bock.
Loulaygue.
Hue.
Fargeas de la Motte.
Legras.
Roy.
Pouzalgue.
Lebrun.
Demoget.
Lafont.
Bollinger.
Le Toux.
Chevreau.
Adenet.
Portier.
Plénier.
Grosseuvre.
Cayla.

Jézéquel
Priscal.
Juglier.
Lallement.
Docteur Selle.
Docteur Socquet.
Docteur Vibert.
Barel.
Broca.
Docteur Ménard.
Moinet.
Devos.
Zéau.
Dury.
Robert.
Bouin.
Roy.
Goedert.
Moreaux.
Vigneron.
Price.
Beauchamp.
Faivre.
Desbordes.
Leboucher.
Roustang.

Dondliger.
Richer.
Le Callut.
Ferté.
Parente.
Guignon.
Fourny.
Charraud.
Vallée.
Charles.
Besche.
Hannaux.
Sauvage.
Coyette.
Bardet.
Marrel.
Boucher.
Lapios.
Richard-Durville.
Dreux.
Bouquet.
Segonne.
Darnet.
Bée.
Métay.

La cérémonie a commencé par l'exécution de
la Marseillaise par la musique de la garde républicaine.

M. le président SAUTON prononce ensuite le
discours suivant :

MESDAMES,

MESSIEURS,

Si la solennité décidée en votre honneur par le
Conseil municipal, dans sa séance du 11 mai, a été
quelque peu retardée, c'est que chaque jour apportait la
révélation de nouveaux actes de dévouement et que nous
devions attendre pour dresser la liste de nos invités.

Déjà des médailles, des mentions honorables, des
témoignages de satisfaction vous ont été décernés ; la
presse a proclamé l'intrépidité des sauveteurs ; un ban-
quet a été organisé en leur honneur ; mais, si précieux
que soient ces témoignages de la gratitude publique, ils
laissent place à la manifestation d'aujourd'hui.

N'est-ce pas, en effet, dans la Maison commune
que doivent être réunis et félicités ceux dont la conduite
a bien mérité de la Cité ?

Y a-t-il un lieu plus naturellement désigné pour
célébrer le courage, le désintéressement, l'abnégation que
cet Hôtel de Ville de Paris dont l'histoire, inséparable
de celle de la Patrie et de la Liberté, évoque la mémoire
de tant de bons citoyens ?

D'ici sont partis depuis un siècle tous les appels
la fraternité qui ont ébranlé le monde, et la sympathie

des souvenirs et des choses se joint à la nôtre pour vous mieux accueillir.

L'incendie du Bazar de la Charité, qui a causé tant de deuils, a donné, grâce à vous, le réconfortant spectacle d'un admirable élan de dévouement.

Vous avez montré, une fois de plus, que, si le courage n'est le privilège exclusif d'aucune nation ni d'aucune race, la population parisienne possède une puissance native de sensibilité et de cœur qui se traduit en toute circonstance périlleuse par une incomparable promptitude au sacrifice de soi. Alors, plus de distinction de classes, plus d'antagonisme de croyances, d'opinions, et ce sont presque toujours les plus humbles qui montrent le plus de courage et même de témérité. *(Applaudissements.)*

On sent que, dans le vieux sol de la Cité, labouré par les révolutions, arrosé du sang de tant de générations mortes pour la cause de l'humanité, poussent naturellement d'abondantes moissons de générosité et de dévouement. La vie quotidienne de Paris éclate en actes de solidarité qui, pour ne pas se produire à l'occasion de calamités qui frappent les imaginations et provoquent l'émotion générale, ne mériteraient pas moins, eux aussi, d'être proposés publiquement en exemple.

Il suffirait, pour s'en convaincre, de parcourir un journal quelconque à la rubrique des faits divers, ou plutôt, Messieurs, il suffit de voir combien, parmi vous, sont déjà titulaires de distinctions honorifiques pour leur vaillante conduite dans des circonstances antérieures.

C'est dans le même sentiment que, m'adressant aux sapeurs-pompiers, gardiens de la paix, internes, agents des hôpitaux et des ambulances municipales, je puis dire à ce vaillant personnel que, si méritoire qu'ait été son intervention le 4 mai, il n'a rien fait ce jour-là qu'il ne fasse journellement, avec autant de risques et de sang-froid. Il s'est montré digne de lui-même, digne de ses traditions, digne des héros dont les corps reposent dans nos cimetières sous le glorieux monument des Victimes du devoir. *(Applaudissements prolongés.)*

N'est-ce pas, d'ailleurs, dans ces mêmes salles qu'il y a quatre ans, le 16 février 1893, j'avais le grand honneur de recevoir les infirmiers et infirmières de nos hôpitaux, dont l'attitude pendant l'épidémie cholérique avait été si admirable?

Oui, le peuple de Paris a le sentiment inné de la fraternité et il en pousse souvent le culte jusqu'au sacrifice de la vie.

Je faisais allusion tout à l'heure aux victimes du devoir. Qui nous dit qu'il n'en est pas aussi parmi ceux qui ont trouvé la mort dans l'affreuse catastrophe de la rue Jean-Goujon? Si quelques cas de défaillance se sont produits, des actes d'héroïsme ont dû s'accomplir; la raison se refuse à concevoir que dans la foule qui remplissait le Bazar de la Charité il n'y avait qu'égoïsme; la mort du docteur Feulard, qui, après avoir sauvé sa femme, rentrait dans la fournaise et périssait en portant secours à son enfant, attesterait au besoin le contraire. A côté du docteur Feulard, combien d'autres, hommes ou femmes, dont les noms resteront toujours ignorés, ont dû périr, eux aussi, victimes du devoir!

Pardonnez-moi, Mesdames et Messieurs, d'avoir évoqué ces souvenirs dans une solennité organisée en votre honneur; j'ai pensé que vous ne me sauriez pas mauvais gré d'unir dans un commun hommage tous les dévouements et tous les sauveteurs et de saluer en vos personnes cette vaillante démocratie parisienne dont les plus humbles citoyens ne sont pas les moins grands par le cœur. *(Applaudissements.)*

MESDAMES,
MESSIEURS,

Votre grand nombre ne me permet pas de retracer le rôle de chacun de vous dans l'horrible drame ; mais vos noms figureront dans la relation officielle de cette solennité et ils viendront s'ajouter à ceux de tous les bons citoyens dont les annales de la Cité conservent la mémoire.

Puissent les nobles exemples que vous avez donnés, les témoignages de reconnaissance que vous avez reçus, jeter de profondes racines dans les cœurs et préparer l'avenir que nous rêvons, l'ère de la véritable solidarité sociale ! *(Applaudissements prolongés.)*

M. DE SELVES, préfet de la Seine, s'exprime
en ces termes :

MESDAMES,

MESSIEURS,

A mon tour, permettez-moi de vous dire : Soyez les
bienvenus à l'Hôtel de Ville.

Vous avez déjà reçu du Gouvernement de la République et de la bouche même de M. le Ministre de l'Inté-
rieur, qui en était l'organe autorisé, l'expression éloquente des remerciements et de la gratitude du Pays
envers vous.

Il convenait que dans ce palais de la Ville de Paris,
où retentissent tous les événements de la grande Cité,
où s'enregistrent les actes de sa vie et où, comme sur
un livre d'or, s'inscrivent les faits glorieux et les actes
héroïques, vous fussiez aussi salués et remerciés.

Le 4 mai 1897, comme un cyclone qui s'abat et
ravage tout autour de lui, un épouvantable incendie, en
quelques minutes, avait jeté la douleur dans de nom-
breuses familles et plongé Paris tout entier dans le
saisissement et le deuil.

En présence de la catastrophe, cruelle et aveugle,
injuste et imméritée, l'âme humaine était comme tentée de
se replier sur elle-même, déconcertée, se demandant s'il
existe réellement une loi de justice, portée peut-être à
s'envelopper dans un sombre et douloureux fatalisme.

Vous avez apaisé ce dangereux sentiment, car vous
ous avez émus et réconfortés, vous dont le dévouement
coloré d'une note si tendre et si douce le drame terrible.

Vous avez été vraiment comme l'étoile qui apparaît
près la sombre et furieuse tempête.

Soyez mille fois remerciés : remerciés au nom des
amilles malheureuses et reconnaissantes; remerciés au
om de la Ville de Paris, fière de vous; remerciés au
om de la France et de l'humanité, car vous avez écrit
ne noble page d'histoire, celle de la solidarité humaine.

MESDAMES,
MESSIEURS,

Cette salle où vous êtes est la salle où le Conseil
municipal et le Préfet de la Seine honorent, en les y
ecevant et en les saluant, les personnes et les associa-
ions dont les œuvres sont bienfaisantes.

Elle est honorée de vous y recevoir; ce jour cons-
tue désormais pour elle une date chère entre toutes.

Et maintenant, que votre exemple soit salutaire ! Se
évouer, faire le bien, n'est-ce pas ce qu'il peut y avoir
e plus vraiment grand ?

Un pays pénétré de ce sentiment est un pays qu'on
stime et qui est bien vivant encore. *(Vifs applaudisse-
ents.)*

M. Lépine, préfet de Police, prononce ensuite l'allocution suivante :

MESDAMES,

MESSIEURS,

Si je me lève à mon tour, ce n'est pas pour imposer à votre modestie l'épreuve de nouveaux éloges désormais superflus, c'est pour constater devant vous que, si cette terrible catastrophe a fait, comme on l'a dit, l'union morale entre tous les éléments divers de la population parisienne, elle a réuni les membres de la Municipalité de Paris dans un même sentiment d'admiration pour les dévouements qu'elle a suscités et de pitié pour les deuils qu'elle a semés derrière elle.

Je m'associe à ces éloges, mais je n'y veux rien ajouter. En fait de bravoure et d'abnégation, nous avons de qui tenir ; nous sommes de bonne souche et notre histoire nationale abonde en traits des plus sublimes héroïsmes.

Dieu merci, sur cette terre de France, la source des nobles dévouements n'est pas près de tarir.

Disons donc modestement, pour conclure, que vous avez fait ce que vous deviez faire. *(Applaudissements prolongés.)* J'étais sûr d'exprimer votre sentiment intime en prononçant cette parole, que vous avez fait ce que d'autres avaient fait avant vous, ce que d'autres feront après vous, à votre exemple. *(Salve d'applaudissements.)*

M. Dubois, président du Conseil général, prononce le discours suivant :

Mesdames,

Messieurs,

Au lendemain des jours terribles, les peuples cherchent la consolation de leurs défaites dans les hauts faits d'armes, dans les exploits héroïques des vaincus.

Il en est de même au lendemain des catastrophes comme celle du 4 mai.

La conscience publique, dans notre Cité si souvent éprouvée, mais toujours si généreuse, ne s'attarde guère à rechercher les responsabilités autrement que pour éviter de nouveaux sinistres.

Elle ne se demande pas non plus — on ne le tolérerait pas dans notre pays — si les causes des catastrophes sont d'origine divine. S'il en était ainsi, en effet, nous n'aurions qu'à nous croiser les bras, et les sauveurs seraient toujours voués aux enfers.

Elle veut savoir, au contraire, si les hommes ont fait leur devoir pour atténuer le mal; si leur courage a été à la hauteur du péril; si, en un mot, l'honneur est resté sauf.

Eh bien, Mesdames et Messieurs, votre présence ici est assez éloquente.

Oui, vous avez fait dans cet effroyable incendie de la rue Jean-Goujon tous les efforts qui pouvaient être tentés.

Et il appartenait à l'Hôtel de Ville, où la nouvelle de ce grand malheur a eu un si douloureux écho, de vous ouvrir ses portes ; à nous, il nous appartenait de vous remercier publiquement au nom des femmes et des enfants que quelques-uns d'entre vous ont arrachés à la plus horrible des morts.

Nous sommes de ceux qui pensent que la bravoure et que le courage civique n'appartiennent exclusivement à aucune classe plus ou moins définie de la société.

En France, lorsque nous rendons hommage aux bienfaiteurs, nous ne voulons pas savoir à quelle religion ni à quel parti ils sont attachés. Et notre admiration pour les belles actions n'est mêlée d'aucun autre sentiment qui en altérerait la sincérité et en diminuerait l'expansion.

Pourtant, dans les catastrophes comme celle du 4 mai, un fait est à retenir, indéniable et d'une haute moralité : c'est que les hommes qui sont habitués au travail sont précisément ceux qui savent affronter le danger avec le plus de sang-froid et le plus de résolution.

Ce sont aussi ceux-là qui sont les plus modestes et dont les hauts faits resteraient dans l'ombre si l'impatiente curiosité publique ne parvenait pas à les en retirer.

Tel, le cocher Georges. Tel, le plombier Piquet ; tels, tant d'autres parmi vous.

Oui, c'est dans le monde du travail, je le répète, sans distinction de classe ni d'opinion, qu'il faut surtout chercher le sentiment du devoir et l'accomplissement, sans défaillance, de l'œuvre de solidarité dans le danger.

Les oisifs ne vivent guère que pour eux-mêmes.

Comment exposeraient-ils leur si précieuse vie pour sauver les autres ? Dans les moments difficiles, on les appellerait en vain.

Ce sont eux pourtant qui opposent leurs conceptions philosophiques, exemptes d'ailleurs d'étude et de contrôle, à la science sociale qui, d'après les observations et les faits de chaque jour, explique clairement pourquoi les oisifs sont forcément égoïstes, et pourquoi leur inutilité s'étale au grand jour lorsqu'un effort est à faire pour affirmer réellement l'amour du prochain et la protection efficace des faibles. *(Applaudissements.)*

Dans le monde du travail et de la science, qui ne font qu'un, il est un nom qui n'a pas été prononcé et que je me garderais d'oublier ici. Parmi les sauveteurs qui nous entourent, en effet, nous n'apercevons pas un de ceux qui ont montré le plus de sang-froid pour tempérer la panique, le plus de courage pour sauver les malheureuses femmes que les flammes allaient dévorer ; un homme qui est resté pendant toute l'action sur le lieu du sinistre, alors qu'une issue facile se présentait à lui, et qui mériterait, au plus haut point, la distinction que gagnent les vaillants soldats sur le champ de bataille : le docteur Récamier.

Et moi aussi, Mesdames et Messieurs, je tiens, après M. le président du Conseil municipal, à saluer la mémoire de cet autre homme de travail et de grande valeur scientifique, le pauvre docteur Feulard, dont la conduite a été si noble, si belle, que les forces ont trahi alors qu'il avait fait plusieurs sauvetages et qui est resté dans le brasier.

Je m'arrête. Je ne veux pas attrister cette cérémonie,

bien qu'on sente que d'ici, à ce moment même, parte pour les victimes de la terrible catastrophe et pour leurs familles je ne sais quoi qui exprime respectueusement une douleur toujours vive et les sincères sympathies de la population parisienne.

MESDAMES ET MESSIEURS LES SAUVETEURS,

Au nom du Conseil général de la Seine, je vous adresse l'expression de notre gratitude et de notre admiration pour les actes que vous avez accomplis et pour le grand exemple de solidarité que vous avez donné. *(Applaudissements prolongés.)*

La séance est levée à trois heures quarante-cinq minutes.

A la suite de cette réception, une collation a été offerte aux invités dans un salon voisin où s'est fait entendre la musique de la garde républicaine, mise à la disposition de la Municipalité par M. le général Saussier, gouverneur militaire de Paris.

LISTE

Par ordre d'Arrondissements et de Quartiers

DE MM. LES MEMBRES

DU CONSEIL MUNICIPAL DE PARIS

1er ARRONDISSEMENT.

Quartier Saint-Germain-l'Auxerrois.
Edmond GIBERT, ancien négociant, quai de la Mégisserie, 8.

Quartier des Halles.
Alfred LAMOUROUX, docteur en médecine, rue de Rivoli, 150.

Quartier du Palais-Royal.
Alexis MUZET, ancien négociant, rue des Pyramides, 3.

Quartier de la Place-Vendôme.
DESPATYS, ancien magistrat, place Vendôme, 22.

2e ARRONDISSEMENT.

Quartier Gaillon.
BLACHETTE, représentant de commerce, rue Saint-Augustin, 33.

Quartier Vivienne.
CARON, avocat, ancien agréé, rue Saint-Lazare, 80.

Quartier du Mail.
Léopold BELLAN, négociant, rue des Jeûneurs, 30.

Quartier Bonne-Nouvelle.
REBEILLARD, joaillier-sertisseur, rue Grenéta, 54.

3e ARRONDISSEMENT.

Quartier des Arts-et-Métiers.
BLONDEL, avocat, boulevard Beaumarchais, 93.

Quartier des Enfants-Rouges.
Louis LUCIPIA, publiciste, rue Béranger, 15.

Quartier des Archives.
FOUSSIER, ancien négociant, boulevard du Temple, 54.

Quartier Sainte-Avoye.
PUECH, avocat à la Cour d'Appel, boulevard de Sébastopol, 104.

4e ARRONDISSEMENT.

Quartier Saint-Merri.
OPPORTUN, ancien commerçant, rue des Archives, 13.

Quartier Saint-Gervais.
PIPERAUD, ancien chef d'institution, rue du Roi-de-Sicile, 10.

Quartier de l'Arsenal.
HERVIEU, ancien juge au Tribunal de commerce, boulevard Bourdon, 37.

Quartier Notre-Dame.
RUEL, propriétaire, rue de Rivoli, 54.

5e ARRONDISSEMENT.

Quartier Saint-Victor.
SAUTON, architecte, rue Soufflot, 24.

Quartier du Jardin-des-Plantes.
Charles GRAS, lithographe, boulevard Saint-Michel, 133.

Quartier du Val-de-Grâce.
LAMPUÉ, propriétaire, boulevard du Port-Royal, 72.

Quartier de la Sorbonne.
André LEFÈVRE, chimiste, rue de l'École-Polytechnique, 14.

6e ARRONDISSEMENT.

Quartier de la Monnaie.
BERTHELOT, professeur agrégé, rue Mazarine, 11.

Quartier de l'Odéon.
ALPY, docteur en droit, avocat à la Cour d'Appel, rue Bonaparte, 68.

Quartier Notre-Dame-des-Champs.
DEVILLE, avocat à la Cour d'Appel, rue du Regard, 12.

Quartier Saint-Germain-des-Prés.
PRACHE, avocat à la Cour d'Appel, rue Bonaparte, 30.

7e ARRONDISSEMENT.

Quartier Saint-Thomas-d'Aquin.
Ambroise RENDU, docteur en droit, avocat à la Cour d'Appel, rue de Lille, 36.

Quartier des Invalides.
Roger LAMBELIN, publiciste, rue Saint-Dominique, 30.

Quartier de l'École-Militaire.
LEROLLE, avocat à la Cour d'Appel, avenue de Villars, 10.

Quartier du Gros-Caillou.
Arsène LOPIN, publiciste, quai d'Orsay, 105.

8ᵉ ARRONDISSEMENT.

Quartier des Champs-Élysées.
QUENTIN-BAUCHART, avocat et homme de lettres, rue François Iᵉʳ, 31.

Quartier du Faubourg-du-Roule.
CHASSAIGNE-GOYON, docteur en droit, avocat, rue de la Boétie, 110.

Quartier de la Madeleine.
FROMENT-MEURICE, orfèvre, rue d'Anjou, 46.

Quartier de l'Europe.
Louis MILL, avocat à la Cour d'Appel, rue de Monceau, 83.

9ᵉ ARRONDISSEMENT.

Quartier Saint-Georges.
Paul ESCUDIER, avocat à la Cour d'Appel, rue Moncey, 20.

Quartier de la Chaussée-d'Antin.
Max VINCENT, avocat à la Cour d'Appel, rue de la Victoire, 58.

Quartier du Faubourg-Montmartre.
CORNET, ancien négociant, rue de Trévise, 6.

Quartier Rochechouart.
Paul STRAUSS, journaliste, rue Victor-Massé, 3.

10ᵉ ARRONDISSEMENT.

Quartier Saint-Vincent-de-Paul.
Georges VILLAIN, publiciste, rue de Maubeuge, 81.

Quartier de la Porte-Saint-Denis.
HATTAT, négociant, rue de l'Aqueduc, 21.

Quartier de la Porte-Saint-Martin.
THUILLIER, entrepreneur de plomberie, rue de Paradis, 20.

Quartier de l'Hôpital-Saint-Louis.
FAILLET, comptable, boulevard de la Villette, 19.

11ᵉ ARRONDISSEMENT.

Quartier de la Folie-Méricourt.
PARISSE, ingénieur des arts et manufactures, rue Fontaine-au-Roi, 49.

Quartier Saint-Ambroise.
LEVRAUD, docteur en médecine, boulevard Voltaire, 98.

Quartier de la Roquette.
FOUREST, médecin-vétérinaire, avenue Parmentier, 6.

Quartier Sainte-Marguerite.
CHAUSSE, ébéniste, avenue Philippe-Auguste, 64.

4

12e ARRONDISSEMENT.

Quartier du Bel-Air.

Marsoulan, fabricant de papiers peints, rue de Paris, 90 (Charenton).

Quartier de Picpus.

John Labusquière, publiciste, rue de Rivoli, 4.

Quartier de Bercy.

Colly, imprimeur, rue Baulant, 11.

Quartier des Quinze-Vingts.

Pierre Baudin, avocat à la Cour d'Appel, avenue Ledru-Rollin, 83.

13e ARRONDISSEMENT.

Quartier de la Salpêtrière.

Paul Bernard, avocat à la Cour d'Appel, rue Lebrun, 3.

Quartier de la Gare.

Navarre, docteur en médecine, avenue des Gobelins, 30.

Quartier de la Maison-Blanche.

Henri Rousselle, commissionnaire en vins, rue Humboldt, 25.

Quartier Croulebarbe.

Alfred Moreau, corroyeur, boulevard Arago, 38.

14e ARRONDISSEMENT.

Quartier du Montparnasse.

Ranson, représentant de commerce, rue Froidevaux, 6.

Quartier de la Santé.

Dubois, docteur en médecine, avenue du Maine, 165-167.

Quartier du Petit-Montrouge.

Champoudry, géomètre, rue Sarette, 25.

Quartier de Plaisance.

Georges Girou, comptable, rue des Plantes, 42.

15e ARRONDISSEMENT.

Quartier Saint-Lambert.

Chérioux, entrepreneur de maçonnerie, rue de l'Abbé-Groult, 107.

Quartier Necker.

Bassinet, entrepreneur, rue de Vouillé, 47.

Quartier de Grenelle.

Ernest Moreau, forgeron, rue du Théâtre, 150.

Quartier de Javel.

Daniel, modeleur-mécanicien, rue Saint-Charles, 143.

16e ARRONDISSEMENT.

Quartier d'Auteuil.
Le Breton, ingénieur, rue Chardon-Lagache, 47.

Quartier de la Muette.
Caplain, chaussée de la Muette, 6.

Quartier de la Porte-Dauphine.
Gay, publiciste, rue de la Faisanderie, 26.

Quartier de Chaillot.
Astier, pharmacien, avenue Kléber, 72.

17e ARRONDISSEMENT.

Quartier des Ternes.
Paul Viguier, publiciste, avenue Carnot, 9.

Quartier de la Plaine-Monceau.
Bompard, docteur en droit, rue de Prony, 65.

Quartier des Batignolles.
Clairin, avocat à la Cour d'Appel, rue de Rome, 133.

Quartier des Épinettes.
Paul Brousse, docteur en médecine, avenue de Clichy, 81.

18e ARRONDISSEMENT.

Quartier des Grandes-Carrières.
Adrien Veber, avocat à la Cour d'Appel, rue Lepic, 53.

Quartier de Clignancourt.
Fournière, publiciste, rue Caulaincourt, 129.

Quartier de la Goutte-d'Or.
Breuillé, correcteur d'imprimerie, rue Stephenson, 45.

Quartier de la Chapelle.
Blondeau, charron, rue de la Chapelle, 112.

19e ARRONDISSEMENT.

Quartier de la Villette.
Vorbe, fondeur, rue Armand-Carrel, 1.

Quartier du Pont-de-Flandre.
Brard, employé, rue de l'Ourcq, 58.

Quartier d'Amérique.
Charles Bos, publiciste, rue des Mignottes, 6.

Quartier du Combat.
Grébauval, homme de lettres, rue de la Villette, 47.

Quartier de Belleville.

BERTHAUT, facteur de pianos, rue des Couronnes, 122.

Quartier Saint-Fargeau.

ARCHAIN, correcteur typographe, rue Pelleport, 165.

Quartier du Père-Lachaise.

LANDRIN, ciseleur, avenue Gambetta, 121.

Quartier de Charonne.

PATENNE, graveur, rue des Pyrénées ,89.

LISTE

DE MM. LES MEMBRES DU CONSEIL GÉNÉRAL
DES CANTONS SUBURBAINS

ARRONDISSEMENT DE SAINT-DENIS.

Canton d'Asnières.

LAURENT-CÉLY, ancien officier, rue de Provence, 59, à Paris et rue Steffen, 21, à Asnières (Seine).

Canton d'Aubervilliers.

DOMART, propriétaire, rue de la Courneuve, 8, à Aubervilliers (Seine).

Canton de Boulogne.

Léon BARBIER, marchand de bois, rue de Sèvres, 77, à Boulogne (Seine).

Canton de Clichy.

MARQUEZ, pharmacien, rue de Paris, 13, à Clichy (Seine).

Canton de Courbevoie.

Stanislas FERRAND, architecte-ingénieur, rue de la Victoire, 35, à Paris et rue Victor-Hugo, 249, à Bois-Colombes (Seine).

Canton de Levallois-Perret.

LEX, propriétaire, rue Fazillau, 71, à Levallois-Perret (Seine).

Canton de Neuilly.

RIGAUD, fabricant de produits chimiques et pharmaceutiques, rue de la Bienfaisance, 25.

Canton de Noisy-le-Sec.

COLLARDEAU, ancien clerc de notaire, rue Halévy, 6, à Paris et rue Saint-Denis, 18, à Bondy (Seine).

Canton de Pantin.

JACQUEMIN, employé de commerce, route de Flandre, 99, à Aubervilliers (Seine).

Canton de Puteaux.

FÉRON, pharmacien, route Stratégique, 32, à Suresnes (Seine).

Canton de Saint-Denis.

Stanislas LEVEN, rentier, rue Miromesnil, 18.

Canton de Saint-Ouen.

BASSET, docteur en médecine, boulevard Victor-Hugo, 79, à Saint-Ouen (Seine).

ARRONDISSEMENT DE SCEAUX.

Canton de Charenton.

BARRIER, professeur à l'École nationale vétérinaire d'Alfort, rue Bouley, 4, à Alfort (Seine).

Canton d'Ivry.

LÉVÊQUE, horticulteur, rue du Liégat, 69, à Ivry (Seine).

Canton de Montreuil.

PINET, inspecteur primaire en retraite, rue de Rosny, 98bis, à Montreuil (Seine).

Canton de Nogent-sur-Marne.

BLANCHON, propriétaire, rue de Turbigo, 64, à Paris, et Grande-Rue, 195, à Champigny (Seine).

Canton de Saint-Maur.

PIETTRE, docteur en médecine, avenue de Chanzy, 5, à La Varenne-Saint-Hilaire (Seine).

Canton de Sceaux.

CARMIGNAC, propriétaire et manufacturier, rue Victor-Hugo, 21, à Montrouge (Seine).

Canton de Vanves.

A. GERVAIS, publiciste, rue Baudin, 3, à Issy (Seine).

Canton de Villejuif.

THOMAS, menuisier, rue Carnot, 11, au Kremlin-Bicêtre (Seine).

Canton de Vincennes.

GIBERT (de Saint-Mandé), professeur, rue de l'Alouette, 6, à Saint-Mandé (Seine).

Chef du secrétariat du Conseil municipal et du Conseil général,
Chef de service : M. RISTELHUEBER.

Imprimerie de l'École Estienne. — J. BITEAUD et É. HÉRUPÉ, metteurs en pages.

www.ingramcontent.com/pod-product-compliance
Lightning Source LLC
Chambersburg PA
CBHW060802280326
41934CB00010B/2524